Impressum
Verlag: BABADADA GmbH, Nedderfeld 112 , 22529 Hamburg
Geschäftsführer / Verlagsleitung: Harald Hof
Druck: Books on Demand GmbH, In de Tarpen 42, 22848 Norderstedt

Imprint
Publisher: BABADADA GmbH, Nedderfeld 112 , 22529 Hamburg, Germany
Managing Director / Publishing direction: Harald Hof
Print: Books on Demand GmbH, In de Tarpen 42, 22848 Norderstedt, Germany

школа

դպրոց

класны пакой
մատյան
дзяліць
բաժանել
186/2
дошка
գրատախտա
կ
школьны двор
խաղադաշտ
настаўнік
ուսուցիչ
папера
թուղթ
пісаць
գրել
ручка
գրիչ
пісьмовы стол
գրասեղան
лінейка
քանոն
кніга
գիրք
вучань
աշակերտ

ранец

պայուսակ

пенал

գրչատուփ

просты аловак

մատիտ

тачылка для алоўкаў

մատիտի սրիչ

гумка

ռետին

альбом для малявання

նկարչական ալբոմ

малюнак

Նկարչություն

пэндзлік

վրձին

фарбы

Ներկերի տուփ

нажніцы

մկրատ

клей

սոսինձ

сшытак

տետր

хатняе заданне

Տնային աշխատանք

12

лік

թիվ

2+2

дадаваць

գումարել

5-2

адымаць

հանել

2×2

множыць

բազմապատկել

лічыць

հաշվել

A

літара

տառ

ABCDEFG HIJKLMN OPQRSTU VWXYZ

алфавіт

այբուբեն

hello

слова

բառ

тэкст

տեքստ

чытаць

կարդալ

крэйда

կավիճ

ўрок

դաս

класны журнал

մատյան

экзамен

քննություն

атэстат

վկայական

школьная форма

դպրոցական համազգեստ

адукацыя

կրթություն

энцыклапедыя

հանրագիտարան

універсітэт

համալսարան

мікраскоп

մանրադիտակ

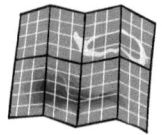

карта

քարտեզ

смеццевы кошык

աղբարկղ

падарожжа

ճանապարհորդություն

гатэль
հյուրանոց
хостэл
հանրակացարա
ն
абменны пункт
փոխանակման
կետ
чамадан
ճամպրուկ
аўтамабіль
ավտոմեքենա

мова

լեզու

так / не

այո / ոչ

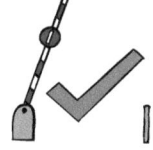

добра

Լավ

прывітанне!

ողջույն

перакладчык

թարգմանիչ

дзякуй

Շնորհակալություն

Колькі каштуе....?

Որքան է ...?

я не разумею

Ես չեմ հասկանում

праблема

խնդիր

Добры вечар!

Բարի երեկո

Добрай раніцы!

Բարի լույս

Дабранач!

Բարի երեկո

да пабачэння

ցտեսություն

кірунак

ուղղություն

багаж

ուղղեբեռ

сумка

պայուսակ

заплечнік

մեջքի պայուսակ

госць

հյուր

пакой

սենյակ

спальны мяшок

քնապարկ

палатка

վրան

інфармацыя для турыстаў

Զբոսաշրջության տեղեկատվական

пляж

լողափ

крэдытная картка

ԿՐԵԴԻՏ քարտ

снеданне

Նախաճաշ

абед

լանչ

вячэра

ճաշ

праязны білет

տոմս

ліфт

վերելակ

паштовая марка

կնիք

мяжа

սահման

мытня

մաքսային

пасольства

դեսպանություն

віза

մուտքի արտոնագիր

пашпарт

անձնագիր

транспарт

Փոխադրամիջոցներ

самалёт
ինքնաթիռ
карабель
նավ
пажарная машына
հրշեջ մեքենա
аўтобус
ավտոբուս
грузавік
բեռնատար մեքենա
маторная лодка
մոտորանավակ
ровар
հեծանիվ
аўтамабіль
ավտոմեքենա

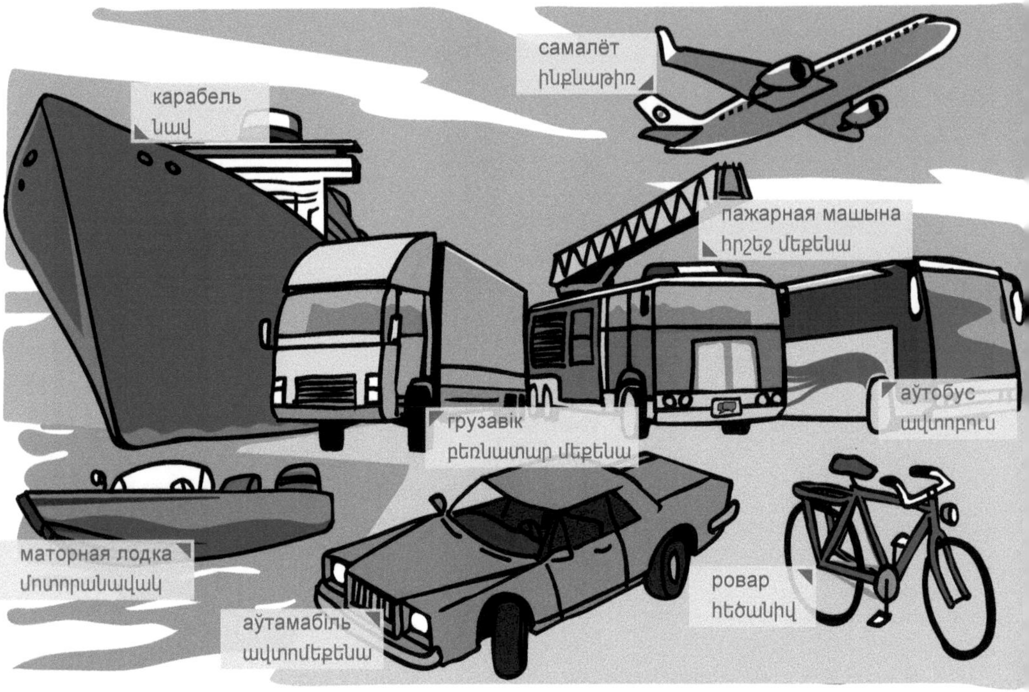

паром

լաստանավ

лодка

նավակ

матацыкл

մոտոցիկլ

паліцэйская машына

ոստիկանության մեքենա

гоначны аўтамабіль

մրցարշավային մեքենա

арэндаваны аўтамабіль

վարձակալվող մեքենա

сумеснае карыстанне
аўтамабілем
....
մեքենայի վարձակալում

эвакуатар
....
էվակուատոր

смеццявоз
....
աղբահանության մեքենա

матор
....
շարժիչ

паліва
....
վառելիք

запраўка
....
բենզալցակայան

дарожны знак
....
երթևեկության նշան

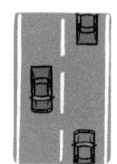

дарожны рух
....
երթևեկություն

затор
....
խցանում

паркоўка
....
ավտոկանգառ

чыгуначная станцыя
....
երկաթուղային կայարան

рэйкі
....
երկաթուղագիծ

цягнік
....
գնացք

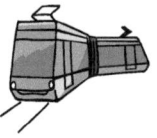

трамвай
....
տրամվայ

вагон
....
վագոն

верталёт

ուղղաթիռ

аэрапорт

օդանավակայան

вежа

աշտարակ

пасажыр

ուղեւոր

кантэйнер

աման

кардонная скрыня

խավաքարտ

тачка

սայլ

карзіна

զամբյուղ

ўзлятаць / прызямляцца

հանեք / հողատարածք

горад

քաղաք

вёска

գյուղ

цэнтр горада

քաղաքի կենտրոնում

дом

տուն

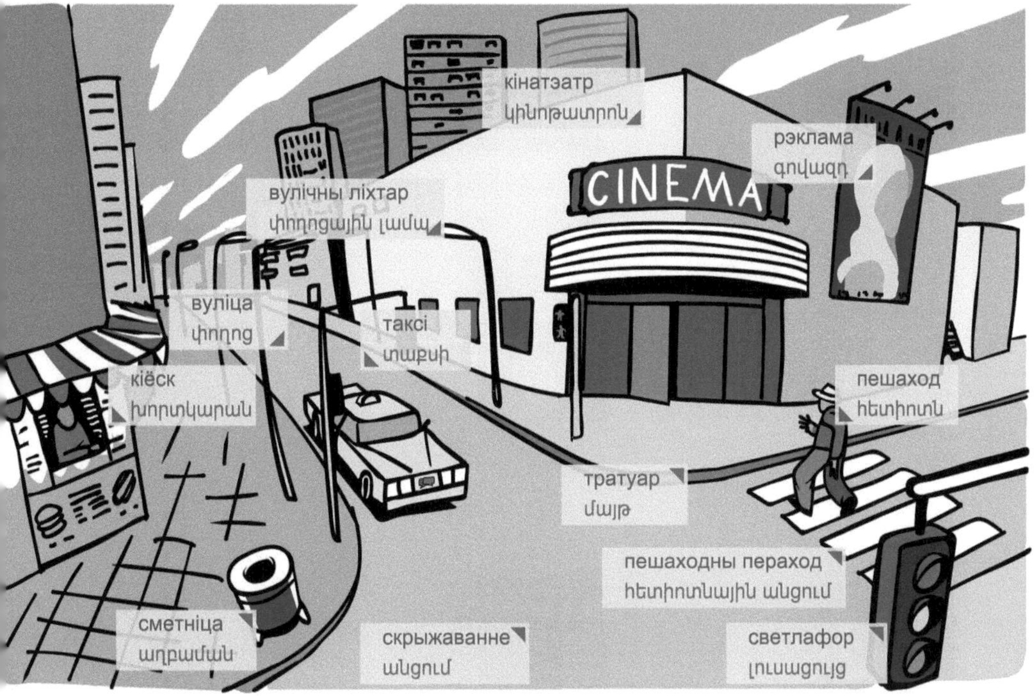

кінатэатр
կինոթատրոն
рэклама
գովազդ
CINEMA
вулічны ліхтар
փողոցային լամպ
вуліца
փողոց
таксі
տաքսի
кіёск
խորտկարան
пешаход
հետիոտն
тратуар
մայթ
пешаходны пераход
հետիոտնային անցում
сметніца
աղբաման
скрыжаванне
անցում
светлафор
լուսացույց

халупа

խրճիթ

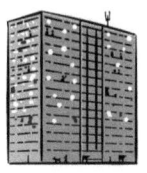

кватэра

բնակարան

чыгуначная станцыя

երկաթուղային կայարան

ратуша

քաղաքապետարան

музей

թանգարան

школа

դպրոց

універсітэт

համալսարան

банк

բանկ

шпіталь

հիվանդանոց

гатэль

հյուրանոց

аптэка

դեղատուն

офіс

գրասենյակ

кнігарня

գրքույկ խանութ

крама

խանութ

кветкавая крама

ծաղկի խանութ

супермаркет

սուպերմարկետ

кірмаш

շուկա

універмаг

հանրախանութ

рыбная крама

ձկան խանութ

гандлевы цэнтр

առեւտրի կենտրոն

порт

նավահանգիստ

парк

զբոսայգի

лава

բանկերը

мост

կամուրջ

лесвіца

աստիճաններ

метро

մետրո

тунэль

թունել

прыпынак

ավտոբուսի կանգառ

бар

բար

рэстаран

ռեստորան

паштовая скрыня

փոստարկղ

вулічны паказальнік

փողոցային նշան

паркамат

ավտոկայանման հաշվիչ

заапарк

կենդանաբանական այգի

басейн

լողավազան

мячэць

մզկիթ

сядзіба

ֆերմա

забруджванне навакольнага асяроддзя

աղտոտման

могілкі

գերեզմանոց

царква

եկեղեցի

пляцоўка для гульні

խաղահրապարակ

храм

տաճար

краявід

բնապատկեր

ліст
паказальнік
ուղղության նշան
дарога
ճանապարհ
луг
մարգագետին
камень
քար
падарожнік
արշավականներ
дрэва
ծառ
рака
գետ
трава
խոտ
кветка
ծաղիկ

даліна

հովիտ

гара

բլուր

возера

լիճ

лес

անտառ

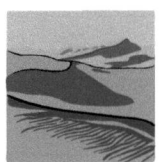

пустыня

անապատ

вулкан

հրաբուխ

замак

ամրոց

вясёлка

ծիածան

грыб

սունկ

пальма

արմավենու ծառ

камар

մժեղ

муха

թռչել

мурашка

մրջյուն

пчала

մեղու

павук

սարդ

жук

բզեզ

жаба

գորտ

вавёрка

սկյուռ

вожык

ոզնի

заяц

նապաստակ

сава

բու

птушка

թռչուն

лебедзь

կարապ

дзік

վարազ

алень

եղջերու

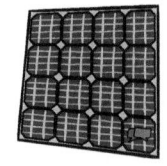

лось

իշայծյամ

плаціна

պատնեշ

вятрак

քամին տուրբինների

сонечная батарэя

արեւային վահանակ

клімат

կլիմա

рэстаран

ռեստորան

афіцыянт
մատուցող
меню
մենյու
крэсла
աթոռ
суп
ապուր
піца
պիցցա
сталовыя прыборы
սպասք
абрус
սփռոց

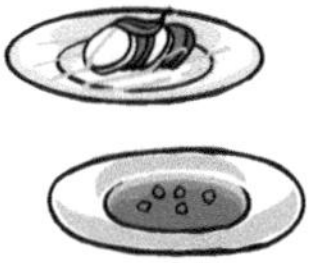

закуска

ստարտեր

другая страва

հիմնական կերակուր

дэсерт

դեսերտ

напоі

օրական

ежа

սնունդ

бутэлька

շիշ

хуткае харчаванне (фаст-фуд)

արագ սնունդ

стрыт-фуд

streetfood

імбрык (чайнік)

թեյնիկ

цукарніца

շաքարաման

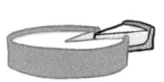

порцыя

բաժին

эспрэса-машына

էսպրեսսո մեքենա

дзіцячае крэселка

մանկական աթոռ

рахунак

օրինագիծ

паднос

սկուտեղ

нож

դանակ

відэлец

պատառաքաղ

лыжка

գդալ

чайная лыжка

թեյի գդալ

сурвэтка

անձեռոցիկ

шклянка

ապակի

талерка

ափսե

супавая талерка

խոր ափսե

сподак

պնակ

соус

սոուս

сальніца

աղաման

млынок для перцу

պղպեղի աղաց

воцат

քացախ

алей

ձեթ

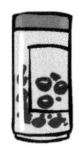 

спецыі

համեմունքներ

кетчуп

կետչուպ

гарчыца

մանանեխ

маянэз

մայոնեզ

супермаркет

սուպերմարկետ

акцыя
հատուկ առաջարկ
пакупнік
հաճախորդ
малочныя прадукты
Dairy
садавіна
միրգ
вазок
գնումների սայլակ
FOR

мясная крама
....
մսամթերքի խանութ

хлебны магазін
....
հացամթերքի խանութ

важыць
....
կշռել

гароднiна
....
բանջարեղեն

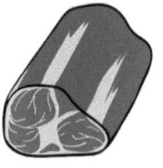

мяса
....
միս

свежазамарожаныя прадукты
սառեցված սննդամթերքի

нарэзка

երշիկեղեն

кансервы

պահածոների

пральны парашок

լվացքի փոշի

прысмакі

քաղցրավենիք

хатнія прылады

տնտեսական ապրանքներ

чысцячы сродак

մաքրող միջոցներ

прадавец

վաճառող

каса

դրամարկղ

касір

գանձապահ

спіс пакупак

գնումների ցուցակ

гадзіны працы

ժամերը

бумажнік

դրամապանակ

крэдытная картка

ԿՐԵԴԻՏ քարտ

сумка

պայուսակ

пакет

պլաստիկ տոպրակ

вада

ջուր

сок

հյութ

малако

կաթ

кола

կոլա

віно

գինի

піва

գարեջուր

алкаголь

սպիրտ

какава

կակաո

гарбата (чай)

թեյ

кава

սուրճ

эспрэса

էսպրեսսո

капучына

կապուչինո

банан

բանան

яблык

խնձոր

апельсін

նարնջի

дыня

սեխ

лімон

կիտրոն

морква

գազար

часнок

սխտոր

бамбук

բամբուկ

цыбуля

սոխ

грыб

սունկ

арэхі

ընկուզեղեն

локшына

արիշտա

спагеці

սպագետտի

рыс

բրինձ

салата

աղցան

бульба фры

չիպս

смажаная бульба

տապակած կարտոֆիլ

піца

պիցցա

гамбургер

համբուրգեր

бутэрброд

սենդվիչ

шніцаль

կոտլետ

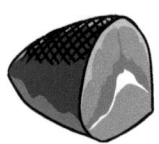

вяндліна

խոզապուխտ

салямі

սալյամի

каўбаса

երշիկ

курыца

հավ

смажаніна

խորոված

рыбак

ձուկ

аўсяныя камякі

վարսակի փաթիլներ

мюслі

մյուսլի

кукурузныя шматкі

եգիպտացորենի փաթիլներ

мука

ալյուր

круасан

կրուասան

булачка

բուլկի

хлеб

հաց

тост

տոստ

пячэнне

թխվածքաբլիթներ

масла

կարագ

тварог

կաթնաշոռ

пірог

տորթ

яйка

ձու

яечня

տապակած ձու

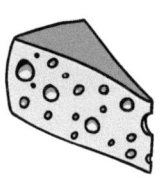

сыр

պանիր

марожанае

պաղպաղակ

цукар

շաքար

мёд

մեղր

варэнне

ջեմ

нуга

նուգա սերուցք

кары

կարրի

сядзіба
ֆերմա

хата
ֆերմային տնակ
хлеў
գոմ
цюк саломы
ծղոտի դեզ
поле
դաշտ
конь
ձի
прычэп
կցասայլ
трактар
տրակտոր
жарабя
քուռակ
асёл
ավանակ
авечка
ոչխար
ягня
գառ

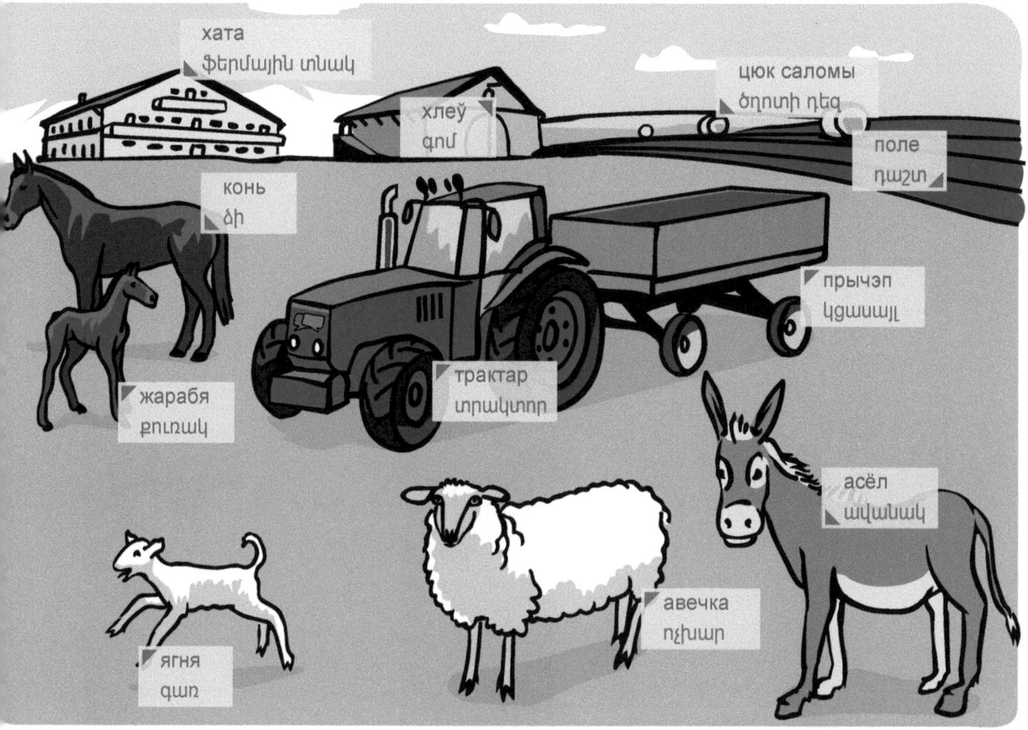

каза

այծ

карова

կով

цяля

հորթ

свіння

խոզ

парася

խոճկոր

бык

ցուլ

гусак

սագ

качка

բադ

кураня

ճուտ

курыца

հավ

певень

աքլոր

пацук

առնետ

кот

կատու

мыш

մուկ

вол

ցուլ

сабака

շուն

сабачая будка

շան բուն

садовы шланг

այգու փողրակ

палівачка

watering կարող է

каса

գերանդի

плуг

գութան

серп

մանգաղ

матыка

թոխր

вілы для гною

եղան

сякера

կացին

тачка

միանիվ ձեռնասայլակ

карыта

կերակրատաշտ

бітон для малака

կաթի բիդոն

мех

պարկ

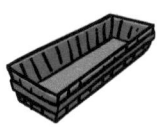

плот

ցանկապատ

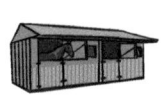

хлеў

կայուն

цяпліца

ջերմոց

глеба

հող

насенне

սերմ

угнаенне

պարարտանյութ

камбайн

բերքահավաք կոմբայն

збіраць ураджай

բերք

ураджай

բերք

ямс

յամս

пшаніца

ցորեն

соя

սոյա

бульба

կարտոֆիլ

кукуруза

եգիպտացորեն

рапс

rapeseed

садовае дрэва

մրգային ծառ

маніёк

manioc

збожжа

շիլաներ

дом
տուն

комін
ծխնելույզ
дах
տանիք
вадасцёк
ջրհորդան խողովակ
акно
պատուհան
гараж
ավտոտնակ
званок
դռան զանգ
дзверы
դուռ
вядро для смецця
աղբարկղ
паштовая скрыня
փոստարկղ
сад
պարտեզ

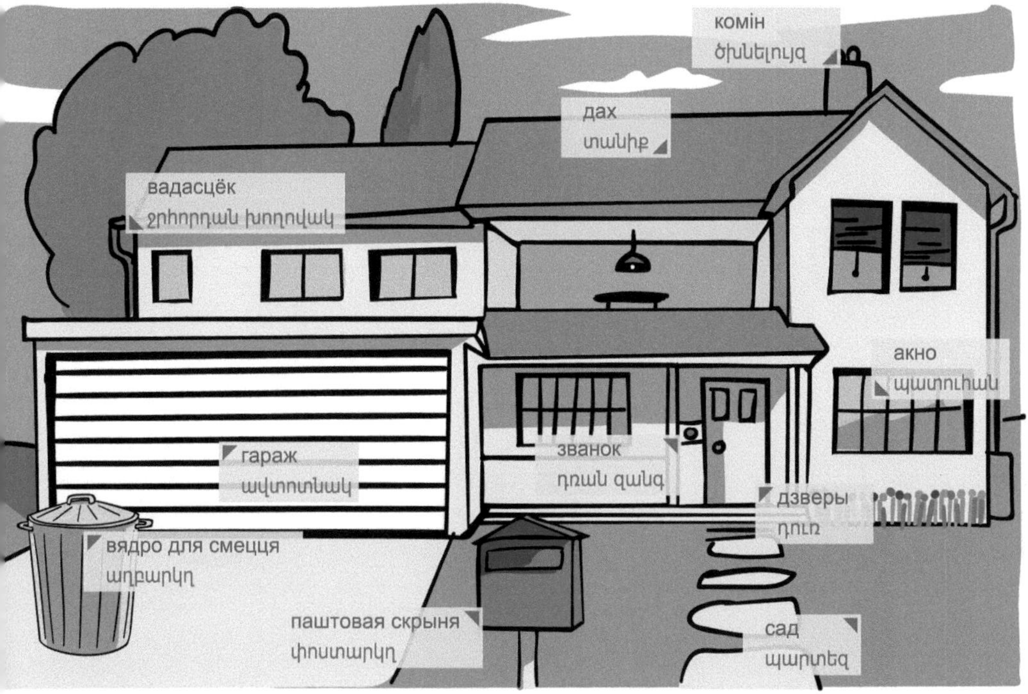

жылы пакой

հյուրասենյակ

ванная

լողասենյակ

кухня

խոհանոց

спальны пакой

ննջարան

дзіцячы пакой

մանկական սենյակ

сталоўка

ճաշասենյակ

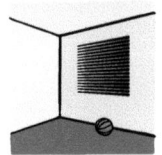

падлога

հարկ

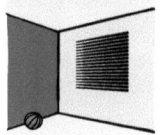

сцяна

պատ

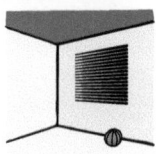

столь

առաստաղ

падвал

նկուղ

саўна

շոգեբաղնիք

балкон

պատշգամբ

тэраса

պատշգամբ

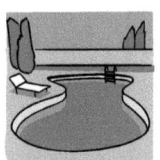

басейн

ավազան

касілка

խոտհնձիչ

падкоўдранік

թերթ

коўдра

անկողնու ծածկոց

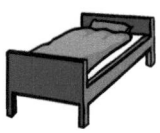

ложак

մահճակալ

венік

ավել

вядро

դույլ

выключальнік

անջատիչ

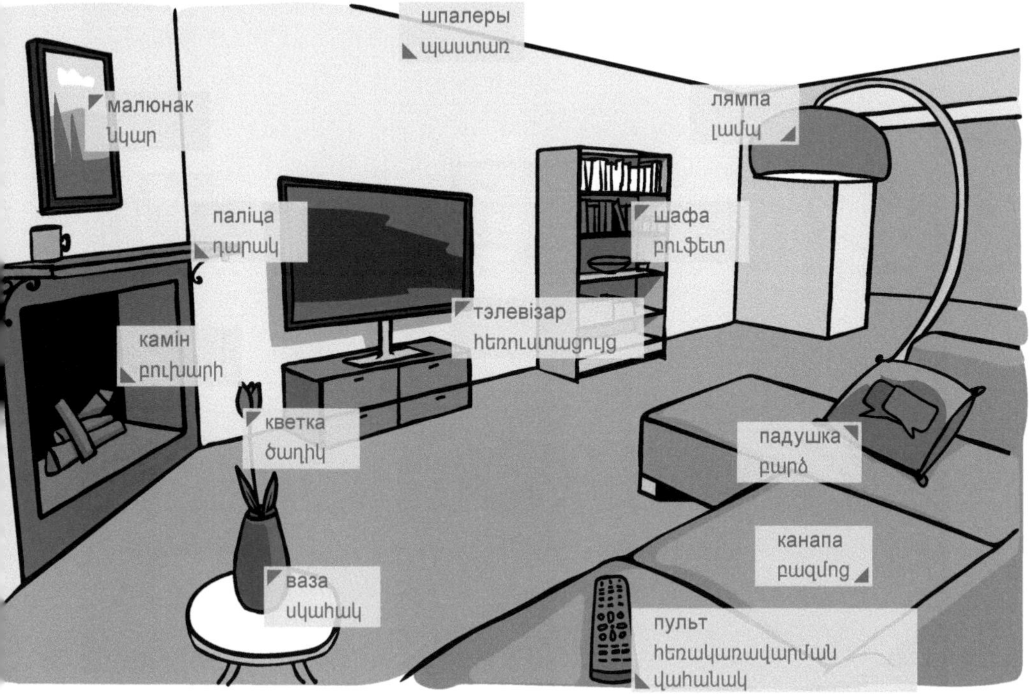

шпалеры
պաստառ

малюнак
նկար

лямпа
լամպ

паліца
դարակ

шафа
բուֆետ

камін
բուխարի

тэлевізар
հեռուստացույց

кветка
ծաղիկ

падушка
բարձ

канапа
բազմոց

ваза
սկահակ

пульт
հեռակառավարման
վահանակ

дыван

գորգ

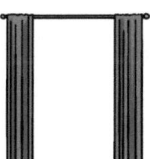

фіранка

վարագույր

стол

սեղան

крэсла

աթոռ

крэсла-качалка

ճոճվող բազկաթոռ

крэсла

բազկաթոռ

кніга

գիրք

коўдра

վերմակ

дэкарацыя

զարդարանք

дровы

վառելափայտ

кіно

ֆիլմ

стэрэасістэма

hi-fi

ключ

բանալի

газета

թերթ

карціна

նկար

постар

պլակատ

радыё

ռադիո

нататнік

տետր

пыласос

փոշեկուլ

кактус

կակտուս

свечка

մոմ

кухня
խոհանոց

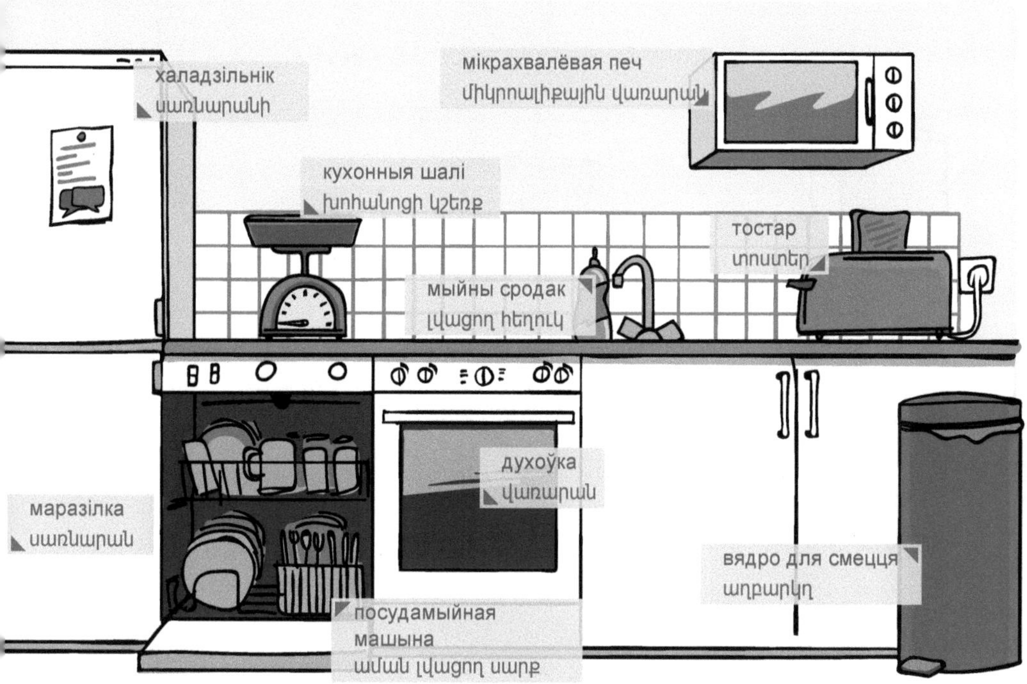

халадзільнік
սառնարանի
мікрахвалёвая печ
միկրոալիքային վառարան
кухонныя шалі
խոհանոցի կշեռք
тостар
տոստեր
мыйны сродак
լվացող հեղուկ
духоўка
վառարան
маразілка
սառնարան
вядро для смецця
աղբարկղ
посудамыйная
машына
աման լվացող սարք

пліта

կաթսա

рондаль

կճուճ

чыгунок

թուջե աման

Вок / кадаі

wok / kadai

патэльня

թավա

чайнік

թեյնիկ

кухня - խոհանոց 35

параварка

շոգենավ

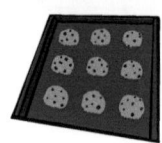

бляха

ջեռոցի սկուտեղ

посуд

ամանեղեն

кубак

բաժակ

міска

խորը աման

палачкі для ежы

փայտիկներ

чарпак

շերեփ

лапатачка

խոհանոցային բահիկ

збівалка

հարել

сіта для варэння

քամիչ

сіта

մաղ

тарка

քերիչ

ступка

հավանգ

грыль

խորոված

вогнішча

բաց կրակի

дошка

տախտակ

качалка

գրտնակ

штопар

խցանահան

бляшанка

բանկա

адкрывалка

բացիչ

прыхваткі

խոհանոցային բռնիչ

ракавіна

լվացարան

шчотка

խոզանակ

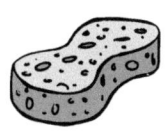

губка

սպունգ

міксер

բլենդեր

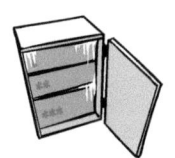

маразільная камера

սառնարան

бутэлечка

մանկական շիշ

вадаправодны кран

թակել

ванная

լողասենյակ

ручніковы сушыцель
ջեռուցում
душ
ցնցուղ
ручнік
սրբիչ
штора для душа
լոգարանի վարագույր
пенная ванна
փրփուրով վաննա
ванна
լոգարան
шклянка
ապակի
мыйная машына
լվացքի մեքենա
вадаправодны кран
թակել
плітка
սալիկներ
начны гаршчок
մանր
ракавіна
լվացարան

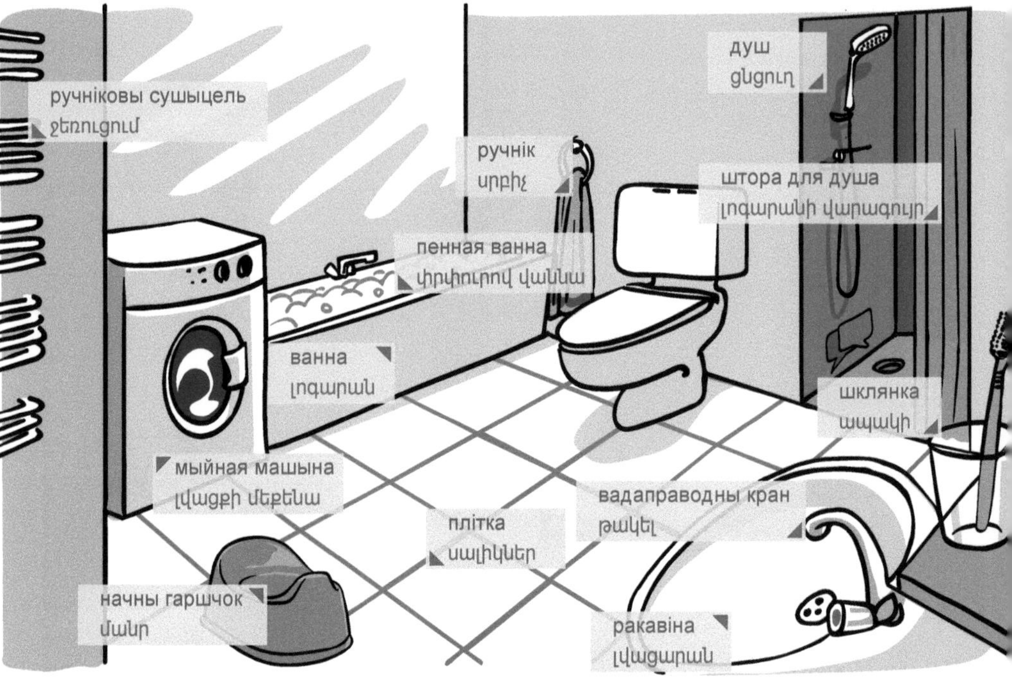

туалет

զուգարան

падлогавы ўнітаз

կզելը զուգարան

бідэ

բիդե

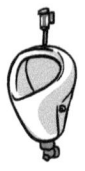

пісуар

pissoir

туалетная папера

զուգարանի թուղթ

шчотка для чысткі ўнітаза

զուգարանի խոզանակ

зубная шчотка

ատամի խոզանակ

зубная паста

ատամի քսուք

зубная нітка

ատամի թել

мыць

լվանալ

ручны душ

ձեռքի ցնցուղ

інтымны душ

ցնցուղ

умывальнік

ավազան

шчотка для спіны

մեջքի խոզանակ

мыла

օճառ

гель для душа

լոգանքի գել

шампунь

Շամպուն

вяхотка

ճիլոպ

вадасцёк

հատականցք

крэм

կրեմ

дэзадарант

դեզոդորանտ

люстэрка

հայելի

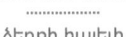

касметычнае люстэрка

ձեռքի հայելի

станок для галення

սափրիչ

пена для галення

Սափրվելու փրփուր

ласьён пасля галення

սափրվելուց հետո քսվող լոսյոն

грэбень

սանր

шчотка

խոզանակ

фен

մազերի չորացուցիչ

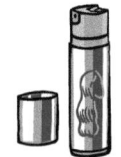

лак для валасоў

մազի լաք

касметыка

դիմահարդարում

памада

շրթնաներկ

лак для пазногцяў

եղունգների լաք

вата

բամբակ

манікюрныя нажніцы

եղունգների մկրատ

духі

օծանելիք

касметычка

դիմահարդարման պայուսակ

табурэтка

աթոռակ

вагі

կշեռք

лазневы халат

լողանալու խալաթ

санітарныя пальчаткі

ռետինե ձեռնոցներ

тампон

տամպոն

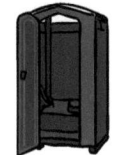

гігіенічныя пракладкі

սանիտարական սրբիչ

біятуалет

քիմիական զուգարան

дзіцячы пакой

մանկական սենյակ

будзільнік
զարթուցիչ ժամացույց
мяккая цацка
փափուկ խաղալիք
цацачная машынка
խաղալիք մեքենա
бразготка
բլբլալ
лялечны домік
տիկնիկների տնակ
падарунак

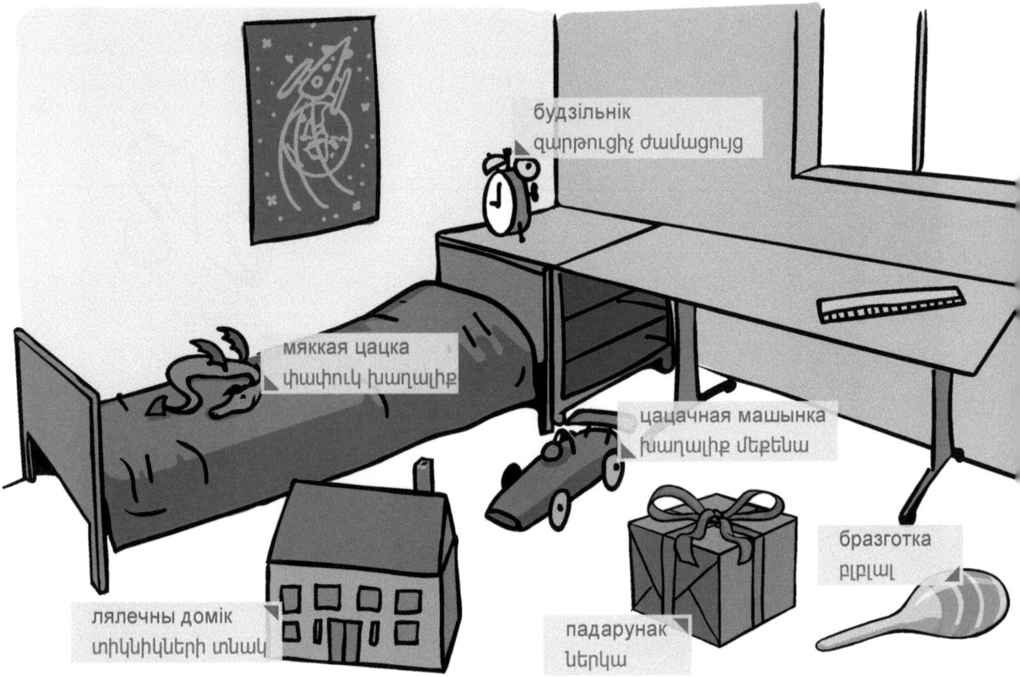

надзіманы шарык

փուչիկ

ложак

մահճակալ

дзіцячая каляска

մանկական սայլակ

калода картаў

խաղաթղթեր

пазл

խճապատկեր

комікс

կոմիքս

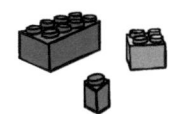

канструктар "Лега"

Լեգո կուբիկներ

канструктар

կառուցողական խաղալիքներ

экшэн-фігурка

ակցիան գործիչ

дзіцячы гарнітур

մանկական բոդի

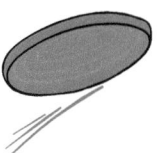

фрызбі

Frisbee

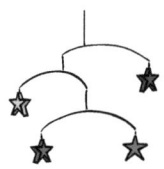

дзіцячы мабіль

շարժական

настольная гульня

խաղատախտակ

кубік

զառախաղ

дзіцячая чыгунка

գնացքների կազմ

пустышка

ծծակ

дзіцячае свята

կուսակցություն

кніга з малюнкамі

մանկական պատկերազարդ գիրք

мячык

գնդակ

лялька

տիկնիկ

гуляцца

խաղալ

пясочніца

ավազե խաղահրապարակի

арэлі

ռիթմ

цацкі

Խաղալիքներ

гульнявая відэа прыстаўка

վիդեո խաղ մխիթարել

трохколавы ровар

եռանիվ հեծանիվ

плюшавы мішка

խաղալիք արջուկ

шафа

պահարան

адзенне

հագուստ

шкарпэткі

կիսագուլպա

панчохі

գուլպա

калготкі

զուգագուլպա

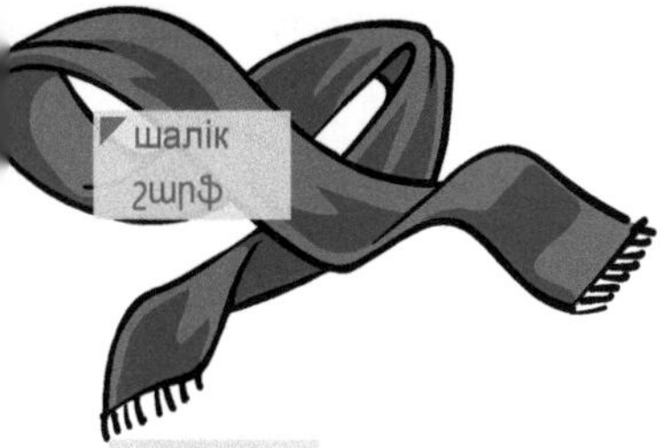

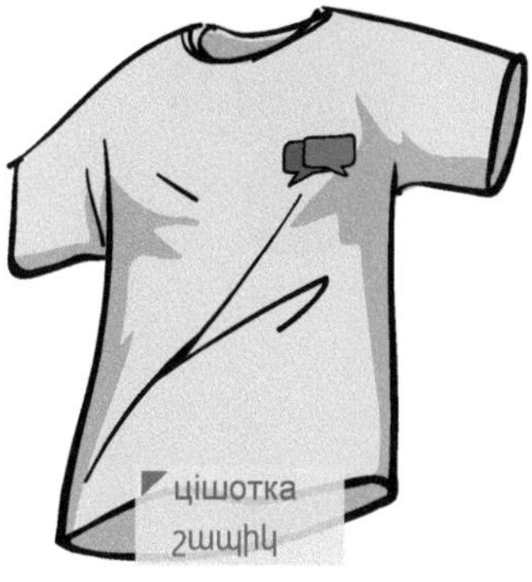

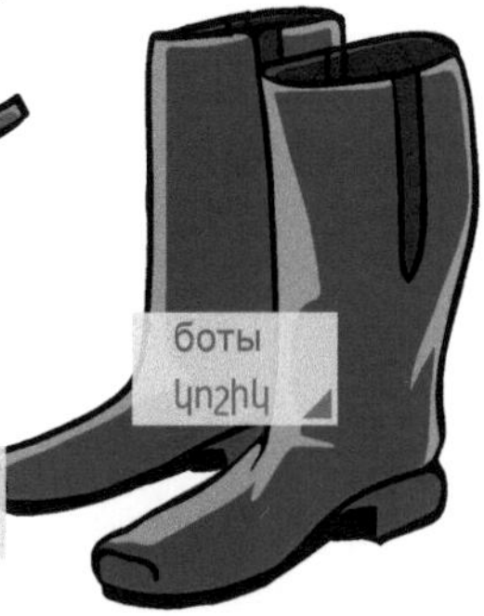

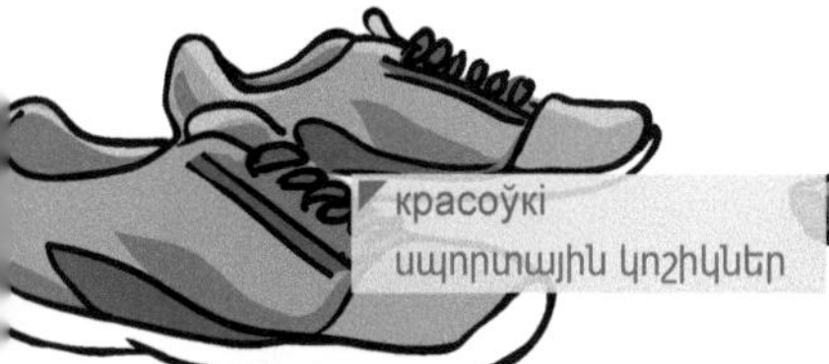

шалік
շարֆ

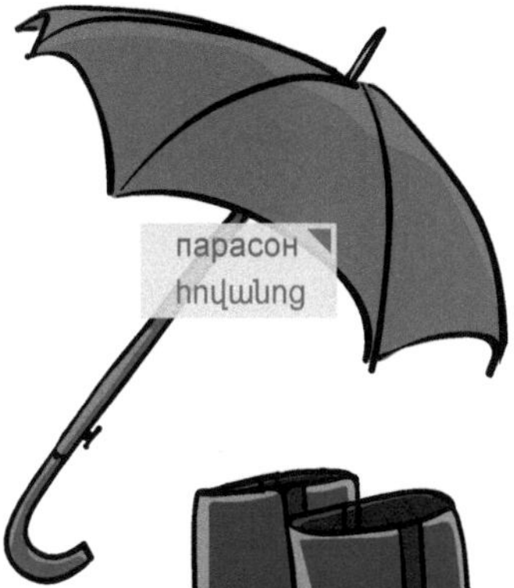

рамень
գոտի

парасон
հովանոց

цішотка
շապիկ

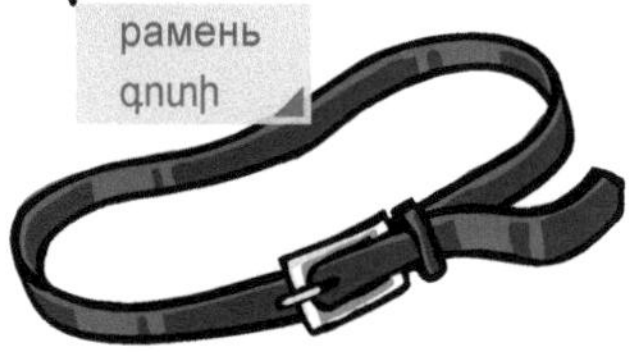

боты
կոշիկ

красоўкі
սպորտային կոշիկներ

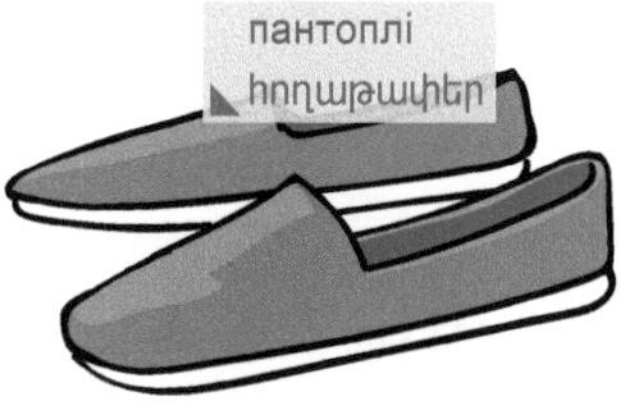

пантоплі
հողաթափեր

сандалі
սանդալներ

абутак
կոշիկ

гумовыя боты
ռետինե կոշիկներ

трусы
վարտիք

бюстгальтар
կրծկալ

майка
մայկա

бодзі

մարմին

штаны

անդրավարտիք

джынсы

ջինս

спадніца

կիսաշրջազգեստ

блузка

բլուզ

кашуля

վերնաշապիկ

джэмпер

պուլովեր

талстоўка

սպորտային կուրտկա

блэйзер

պիջակ

куртка

կուրտկա

паліто

վերարկու

дажджавік

անձրևանոց

касцюм

կանացի կոստյում

сукенка

զգեստ

вясельная сукенка

հարսանյաց զգեստ

касцюм

տղամարդու կոստյում

начная сарочка

գիշերանոց

піжама

պիժամա

сары

Սարի

хустка

գլխաշորն

цюрбан

չալմա

паранджа

չադրա

каптан

արևելյան խալաթ

Абая

հաստ վերարկու

купальнік

կանացի լողազգեստ

плаўкі

տղամարդու լողազգեստ

шорты

շորտ

спартыўны касцюм

սպորտային համազգեստ

фартух

գոգնոց

пальчаткі

ձեռնոցներ

гузік

կոճակ

акуляры

ակնոց

бранзалет

ապարանջան

каралі

վզնոց

кальцо

մատանի

завушніца

ականջօղ

кепка

գլխարկ

вешалка

կախիչ

капялюш

գլխարկ

гальштук

փողկապ

маланка

շղթա

шлем

սաղավարտ

падцяжкі

տաբատակալ

школьная форма

դպրոցական համազգեստ

уніформа

համազգեստ

нагруднік

մանկական գոգնոց

пустышка

ծծակ

падгузнік

մանկական տակդիր

офіс

գրասենյակ

сервер
սերվեր
канцылярская шафа
գրասենյակային պահարան
прынтэр
տպիչ
папера
թուղթ
манітор
մոնիտոր
мыш
մկնիկ
пісьмовы стол
գրասեղան
тэчка
թղթապանակ
клавіятура
ստեղնաշար
крэсла
աթոռ
смеццевы кошык
աղբարկղ
кампютар
համակարգիչ

убак для кавы (філіжанка)

սուրճի գավաթ

калькулятар

հաշվիչ

інтэрнэт

ինտերնետ

офіс - գրասենյակ 49

ноўтбук

laptop

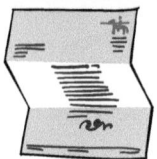

ліст

նամակ

паведамленне

հաղորդագրություն

мабільны тэлефон

բջջային հեռախոս

сетка

ցանց

ксеракс

պատճենահանման սարք

праграмнае забеспячэнне

ծրագրային ապահովում

тэлефон

հեռախոս

разетка

վարդակ

факс

ֆաքսի մեքենա

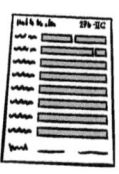

фармуляр

տեսակ

дакумент

փաստաթուղթ

купляць

գնել

плаціць

վճարել

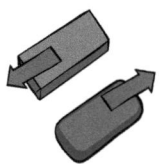

гандляваць

առեւտրի

грошы

փող

долар

դոլար

еўра

եվրո

ена

իեն

рубель

ռուբլի

франк

շվեյցարական ֆրանկ

кітайскі юань

յուան

рупія

ռուպի

банкамат

բանկոմատ

абменны пункт

փոխանակման կետ

золата

ոսկի

срэбра

արծաթ

нафта

նավթ

энергія

էներգիա

цана

գին

кантракт

պայմանագիր

падатак

հարկ

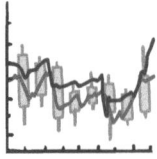

акцыя

ակցիաներ

працаваць

աշխատանք

служачы

ծառայող

працадаўца

գործատուն

фабрыка

գործարան

крама

խանութ

прафесіі
մասնագիտություն

паліцыянт
ոստիկան
пажарны
հրշեջ
кухар
խոհարար
доктар
բժիշկ
пілот
օդաչու

садоўнік

այգեպան

слесар

ատաղձագործ

швачка

դերձակուհի

суддзя

դատավոր

хімік

քիմիկոս

артыст

դերասան

кіроўца аўтобуса

ավտոբուսի վարորդ

таксіст

տաքսու վարորդ

рыбак

ձկնորս

прыбіральшчыца

հավաքարար

страхар

տանիքագործ

афіцыянт

մատուցող

паляўнічы

որսորդ

мастак

նկարիչ

пекар

հացթուխ

электрык

էլեկտրատեխնիկ

будаўнік

շինարար

інжынер

ինժեներ

мяснік

մսագործ

сантэхнік

ջրմուղագործ

паштальён

փոստարար

салдат

զինվոր

архітэктар

ճարտարապետ

касір

գանձապահ

фларыст

ծաղկավաճառ

цырульнік

վարսավիր

кандуктар

տոմսավաճառ

механік

մեխանիկ

капітан

կապիտան

стаматолаг

ատամնաբույժ

вучоны

գիտնական

рабін

ռաբբի

імам

Իմամ

манах

կուսակրոն

святар

հոգեւորական

інструменты
գործիքներ

малаток
մուրճ
пласкагубцы
տափակաբերան
աքցան
адвёртка
պտուտակահա
ն
гаечны ключ
դարձակ
ліхтарык
լապտեր

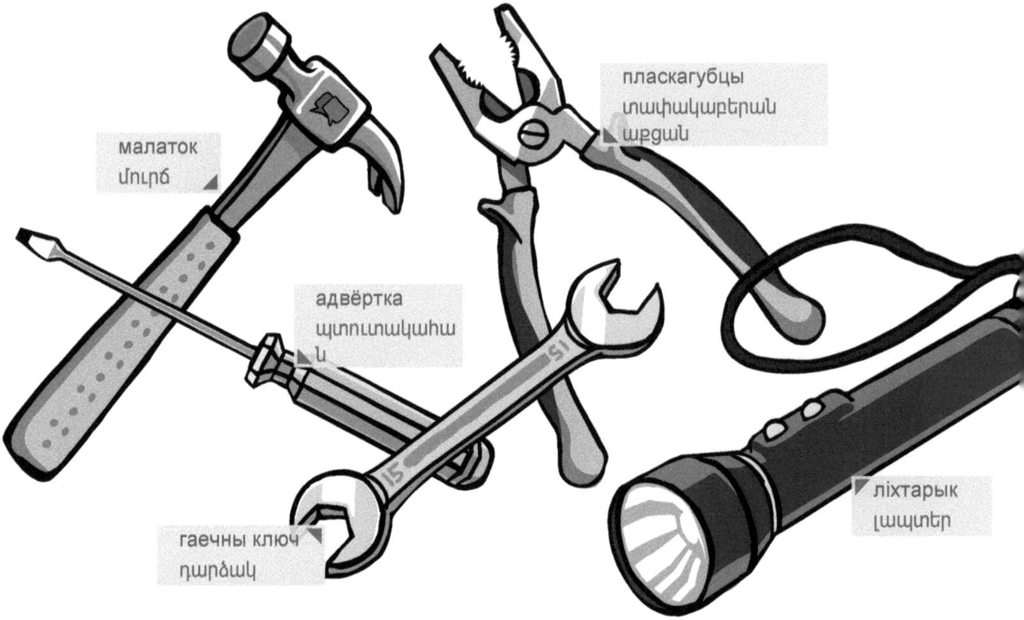

экскаватар

էքսկավատոր

скрыня для інструментаў

գործիքների տուփ

дравіны

սանդուղք

піла

սղոց

цвікі

մեխեր

дрыль

գայլիկոն

рамантаваць
....
նորոգում

рыдлеўка
....
բահ

Халера!
....
գրողը տանի

шуфлік для смецця
....
գոգաթիակ

вядро з фарбаю
....
ներկաման

балты
....
պտուտակներ

музычныя інструменты
Երաժշտական գործիքներ

ударны інструмент
հարվածային գործիքների կազմ

калонкі
բարձրախոս

кантрабас
կոնտրաբաս

труба
շեփոր

гітара
կիթառ

піяніна

դաշնամուր

скрыпка

ջութակ

басгітара

բաս

літаўры

թմբուկներ

барабан

հարվածային գործիքներ

клавішны электрамузычны інструмент

ստեղնաշար

саксафон

սաքսոֆոն

флейта

ֆլեյտա

мікрафон

միկրոֆոն

заапарк

կենդանաբանական այգի

уваход
մուտք
тыгр
վագր
клетка
վանդակ
зебра
զեբր
корм для жывёл
կենդանիների կերակուր
панда
պանդա

жывёлы

կենդանիներ

слон

փիղ

кенгуру

կենգուրու

насарог

ռնգեղջյուր

гарыла

գորիլա

мядзведзь

գորշ արջ

вярблюд

ուղտ

стравус

ջայլամ

леў

առյուծ

малпа

կապիկ

фламінга

Ֆլամինգո

папугай

թութակ

белы мядзведзь

բևեռային արջ

пінгвін

պինգվին

акула

շնաձուկ

паўлін

սիրամարգ

змяя

օձ

кракадзіл

կոկորդիլոս

наглядчык заапарка

կենդանաբանական այգու
աշխատող

цюлень

փոկ

ягуар

յագուար

поні

պոնի

леапард

ընձառյուծ

бегемот

գետաձի

жыраф

ընձուղտ

арол

արծիվ

дзік

վարազ

рыбак

ձուկ

чарапаха

կրիա

морж

ծովացուլ

ліса

աղվես

газель

վիթ

спорт

սպորտներ

американскі футбол
ամերիկյան ֆուտբոլ
веласпорт
հեծանվավազք
тэніс
թենիս
баскетбол
բասկետբոլ
плаванне
լող
бокс
բռնցքամարտ
хакей з шайбай
հոկեյ

футбол

ֆուտբոլ

бадмінтон

բադմինտոն

лёгкая атлетыка

աթլետիկա

гандбол

ձեռքի գնդակ

горныя лыжы

դահուկային սպորտ

пола

պոլո

смяяцца
ծիծաղել
скакаць
ցատկել
абдымаць
գրկել
ісці
քայլել
спяваць
երգել
марыць
երազել
маліцца
աղոթել
цалаваць
համբուրել

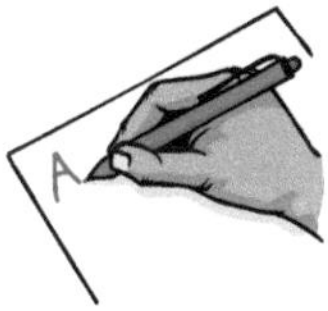

пісаць

գրել

маляваць

նկարել

паказваць

ցույց տալ

націснуць

հրել

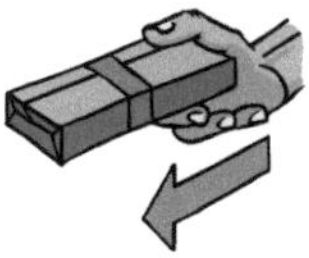

даваць

տալ

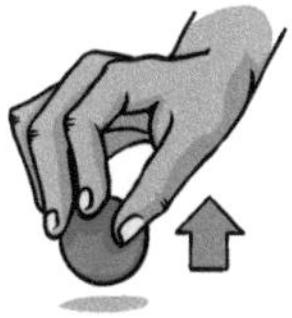

браць

վերցնել

маць

ունենալ

выконваць

դեպի

быць

լինել

стаяць

կանգնել

бегчы

վազել

цягнуць

քաշել

кідаць

նետել

падаць

ընկնել

ляжаць

ստել

чакаць

սպասել

насіць

կրել

сядзець

նստել

апранацца

հագնվել

спаць

քնել

прачынацца

արթնանալ

глядзець

նայել

плакаць

լացել

лашчыць

շոյել

прычэсвацца

սանրվել

гаварыць

խոսել

разумець

հասկանալ

пытаць

հարցնել

чуць

լսել

піць

խմել

есці

ուտել

прыбіраць

հարդարվել

кахаць

սիրել

гатаваць

խոհարար

ехаць

քշել

лятаць

թռչել

плаваць пад ветразем

լողալ

лічыць

հաշվել

чытаць

կարդալ

вучыць

սովորել

працаваць

աշխատանք

уступаць у шлюб

ամուսնանալ

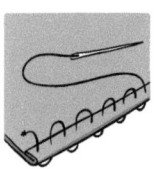

шыць

կարել

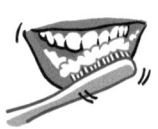

чысціць зубы

ատամները լվանալ

забіваць

սպանել

курыць

ծուխ

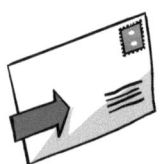

пасылаць

ուղարկել

бабуля
տատիկ

дзядуля
պապիկ

бацька
հայր

маці
մայр

дзіця
երեխա

дачка
դուստր

сын
որդի

госць
հյուր

цётка
հորաքույր

дзядзька
հորեղբայր

брат
եղբայր

сястра
քույր

цела

մարմին

лоб
ճակատ
вока
աչք
плячо
ուս
մատ
твар
դեմք
падбародак
կզակ
рука
ձեռք
нага
ոտք
грудзі
կուրծք
рука
թև

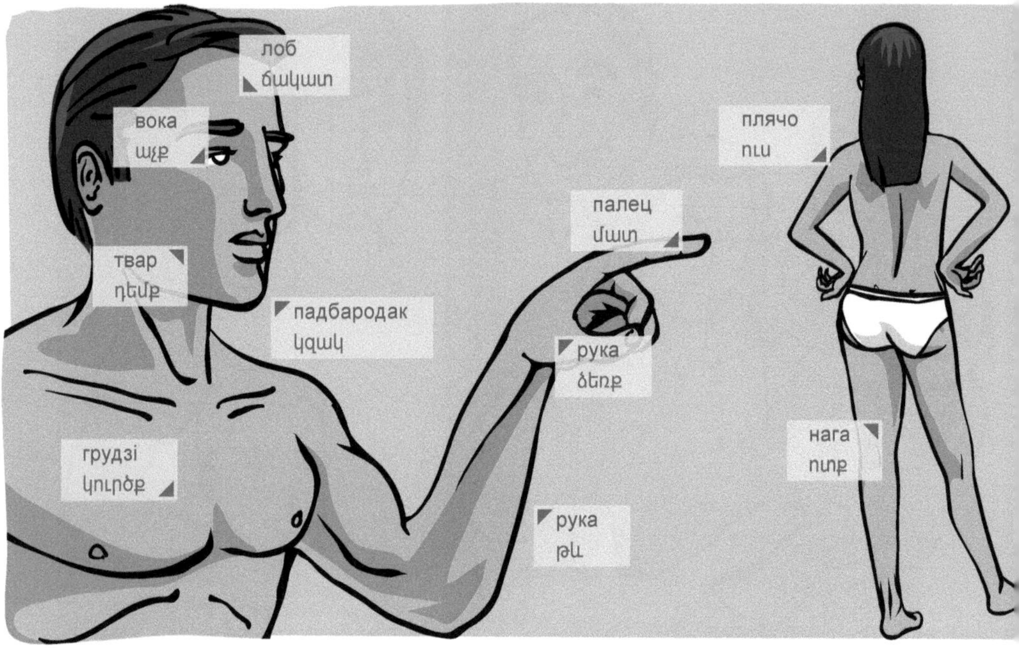

дзіця

երեխա

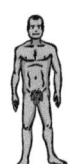

мужчына

մարդ

жанчына

կին

дзяўчынка

աղջիկ

хлопчык

տղա

галава

գլուխ

спіна

մեջք

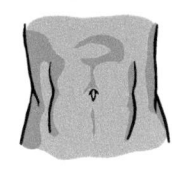

жывот

փոր

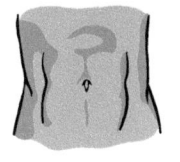

пуп

պորտ

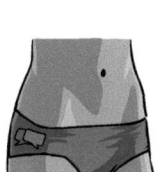

палец нагі

ոտնամատ

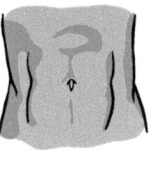

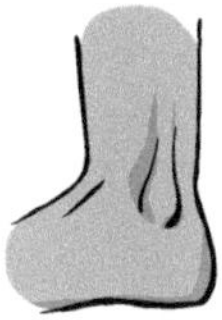

пятка

կրունկ

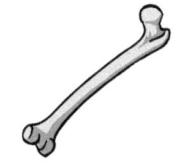

костка

ոսկոր

бядро

ազդր

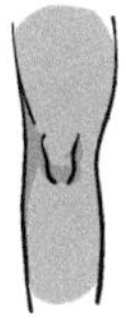

калена

ծունկ

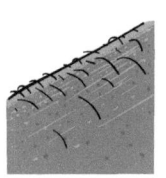

локаць

արմունկ

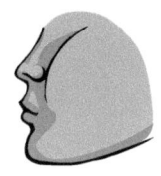

нос

քիթ

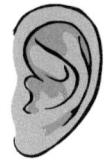

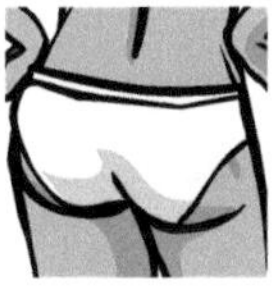

ягадзіца

հետույք

скура

մաշկ

шчака

այտ

вуха

ականջ

губа

շրթունք

рот

բերան

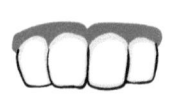

зуб

ատամ

язык

լեզու

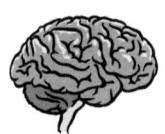

галаўны мозг

ուղեղ

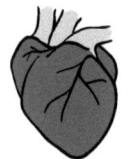

сэрца

սիրտ

мышца

մկան

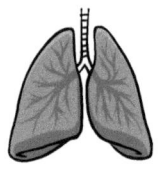

лёгкае

թոք

пячонка

լյարդ

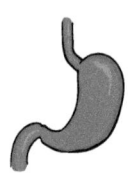

страўнік

ստամոքս

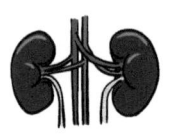

ныркі

երիկամներ

сэкс

սեքս

прэзерватыў

պահպանակներ

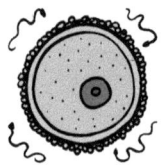

яйцаклетка

ձվաբջիջը

сперма

Սեմյոն

цяжарнасць

հղիություն

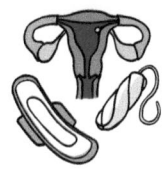

менструацыя

դաշտան

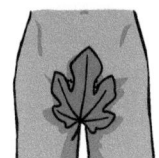

похва

հեշտոց

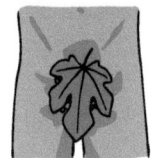

пеніс

առնանդամ

брыво

հոնք

валасы

մազ

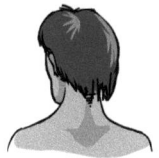

шыя

պարանոց

шпіталь

հիվանդանոց

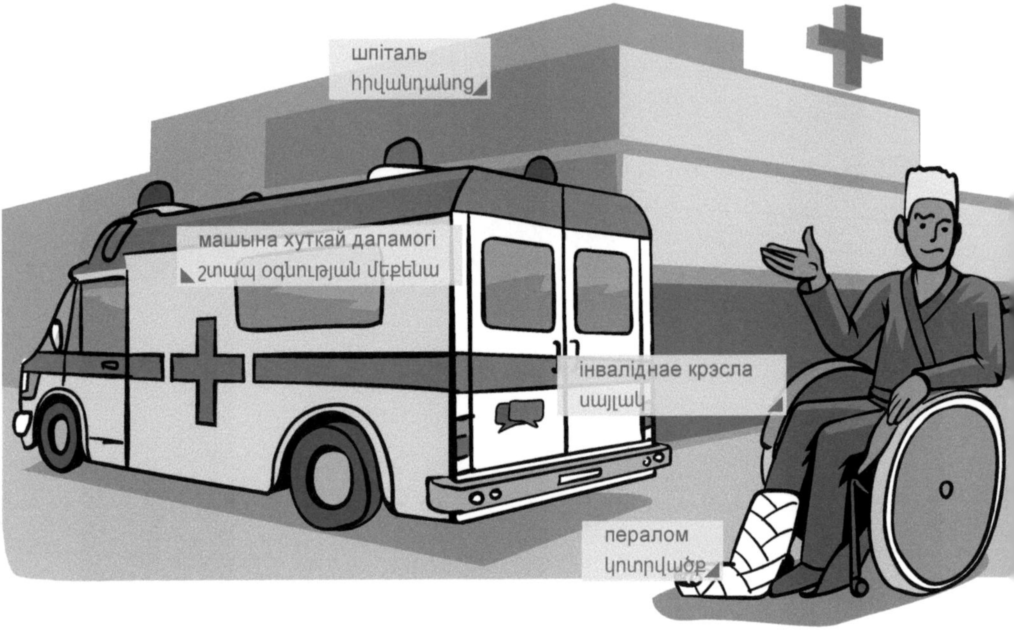

шпіталь
հիվանդանոց
машына хуткай дапамогі
շտապ օգնության մեքենա
інваліднае крэсла
սայլակ
пералом
կոտրվածք

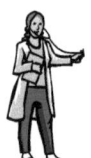

доктар

բժիշկ

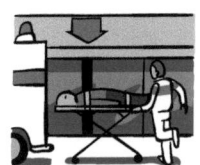

аддзяленне першай дапамогі

շտապ օգնության սենյակ

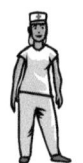

медсястра

բուժքույր

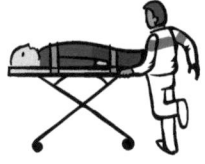

экстраная дапамога

շտապ օգնություն

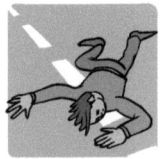

непрытомны

անգիտակից

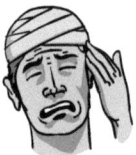

боль

ցավ

траўма

վնասվածք

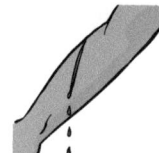

крывацёк

արյունահոսություն

інфаркт

սրտի կաթված

апаплексія

կաթված

алергія

ալերգիա

кашаль

հազ

гарачка

տենդ

грып

գրիպ

панос

փորլուծություն

галаўны боль

գլխացավ

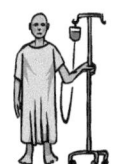

рак

քաղցկեղ

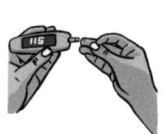

дыябет

դիաբետ

хірург

վիրաբույժ

скальпель

վիրադանակ

аперацыя

վիրահատություն

КТ

CT

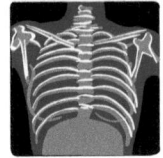

рэнтген

ռենտգեն

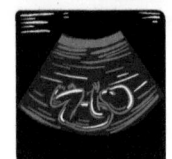

ультрагук

ուլտրաձայնային

маска

դեմքի դիմակ

хвароба

հիվանդություն

пачакальня

սպասասրահ

мыліца

հենակ

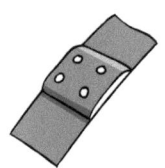

пластыр

սպեղանի

бінт

վիրակապ

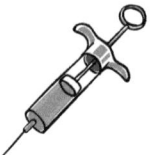

ін'екцыя

ներարկում

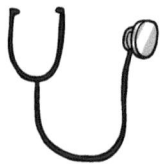

стэтаскоп

լսափողակ

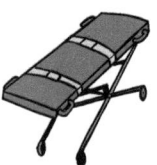

насілкі

պատգարակ

градуснік

ջերմաչափ

нараджэнне

ծնունդ

лішняя вага

ավելաքաշ

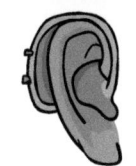

слухавы апарат

լսելով օգնության

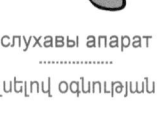

дэзінфекцыйны сродак

ախտահանիչ

інфекцыя

վարակ

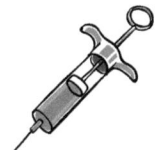

вірус

վիրուս

ВІЧ/СНІД

ՄԻԱՎ / ՁԻԱՀ

лекі

դեղորայք

прышчэпка

պատվաստում

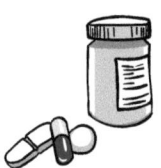

таблеткі

հաբեր

супрацьзачаткавая таблетка

հաբ

экстраны выклік

ահազանգ

танометр

արյան ճնշման չափիչ սարք

хворы / здаровы

հիվանդ / առողջ

экстраная дапамога

Շտապ օգնություն

Ратуйце!

Օգնություն!

сігналізацыя

տագնապի ազդանշան

напад

հարձակում

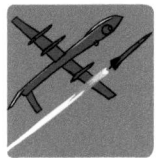

атака

հարձակում

небяспека

վտանգ

аварыйны выхад

վթարային ելք

Пажар!

Հրդեհ

вогнетушыцель

կրակմարիչ

аварыя

վթար

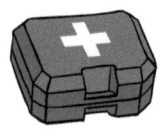

аптэчка

առաջին օգնության դեղարկղ

СОС

SOS

паліцыя

ոստիկանություն

Зямля

Երկիր

Еўропа

Եվրոպա

Паўночная Америка

Հյուսիսային Ամերիկա

Паўднёвая Америка

Հարավային Ամերիկա

Афрыка

Աֆրիկա

Азія

Ասիա

Аўстралія

Ավստրալիա

Атлантычны акіян

Ատլանտյան օվկիանոս

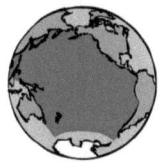

Ціхі акіян

Խաղաղ օվկիանոս

Індыйскі акіян

Հնդկական օվկիանոս

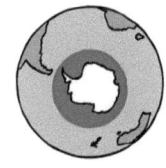

Паўднёвы ледавіты акіян

Հարավային Սառուցյալ օվկիանոս

Паўночны ледавіты акіян

Հյուսիսային Սառուցյալ օվկիանոս

Паўночны полюс

հյուսիսային բևեռ

Паўднёвы полюс

հարավային բևեռ

Антарктыда

Անտարկտիդա

Зямля

երկիր

краіна

ցամաք

мора

ծով

востраў

կղզի

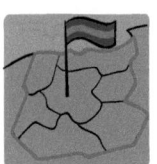

нацыя

ազգ

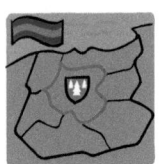

дзяржава

պետական

гадзіннік
ժամացույց

цыферблат

թվատախտակ

гадзінная стрэлка

ժամի սլաք

хвілінная стрэлка

րոպեի սլաք

секундная стрэлка

վայրկյանի սլաք

Колькі часу?

Ժամը քանիսն է?

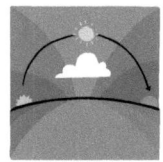

дзень

օր

час

այսպիսով

зараз

այժմ

электронны гадзіннік

թվային ժամացույց

хвіліна

րոպե

гадзіна

ժամ

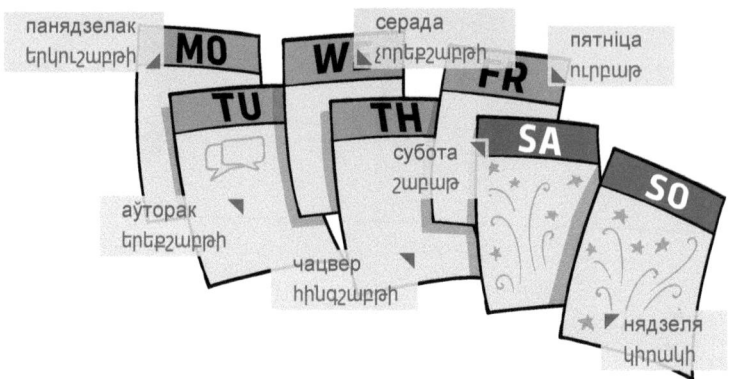

тыдзень

Շաբաթ

панядзелак
երկուշաբթի
серада
չորեքշաբթի
пятніца
ուրբաթ
субота
аўторак
երեքշաբթի
чацвер
հինգշաբթի
нядзеля
կիրակի

ўчора

այսօր

сёння

այսօր

заўтра

վաղը

раніца

առավոտ

абед

կեսօր

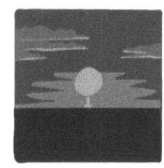

вечар

երեկո

працоўныя дні

աշխատանքային օրեր

выхадныя

շաբաթվա վերջ

год

տարի

дождж
անձրև
вясёлка
ծիածան
снег
ձյուն
вецер
քամի
вясна
գարուն
восень
աշուն
лета
ամառ
зіма
ձմեռ

4.APRIL 11°
5.APRIL 4°
6.APRIL 13°
7.APRIL 8°
8.APRIL 10°

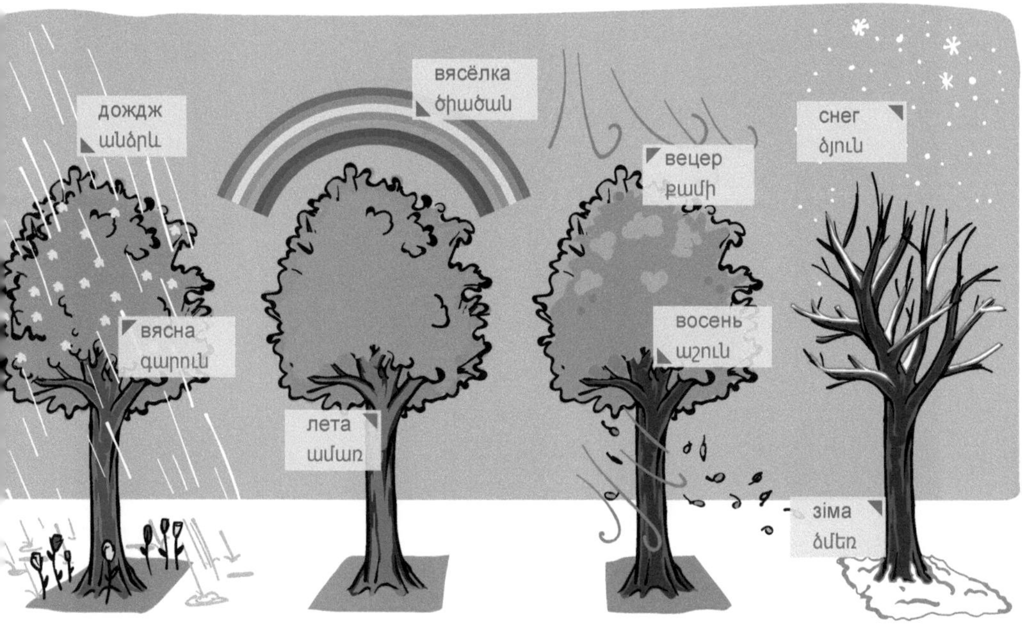

прагноз надвор'я

եղանակի տեսություն

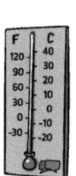

0
10
0
-10

градуснік

ջերմաչափ

сонечнае святло

արեւի լույս

воблака

ամպ

туман

մառախուղ

вільготнасць паветра

խոնավություն

маланка

Կայծակ

гром

որոտ

бура

փոթորիկ

град

կարկուտ

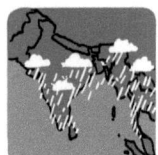

мусонны вецер

մուսոն

прыліў

ջրհեղեղ

лёд

սառույց

студзень

հունվար

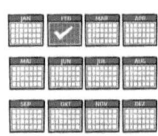

люты

փետրվար

сакавік

մարտ

красавік

ապրիլ

май

մայիս

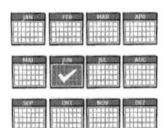

чэрвень

հունիս

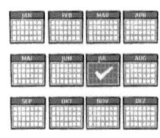

ліпень

հուլիս

жнівень

օգոստոս

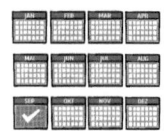

верасень

սեպտեմբեր

кастрычнік

հոկտեմբեր

лістапад

նոյեմբեր

снежань

դեկտեմբեր

формы

ձեւավորում

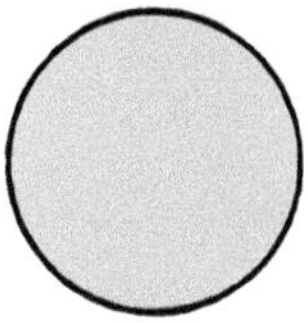

круг

շրջան

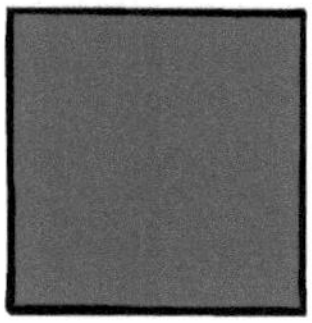

квадрат

քառակուսի

прамавугольнік

ուղղանկյունի

трохвугольнік

եռանկյունի

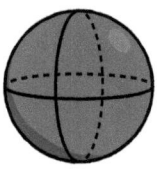

шар

ասպարեզ

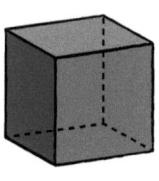

куб

խորանարդ

колеры
գույներ

белы

վարդագույն

жоўты

մոխրագույն

аранжавы

դեղին

ружовы

մանուշակագույն

чырвоны

կարմիր

фіялетавы

շագանակագույն

сіні

կապույտ

зялёны

սև

карычневы

նարնջագույն

шэры

սպիտակ

чорны

կանաչ

шмат / мала

շատ / քիչ

злы / добры

բարկացած / հանգիստ

прыгожы / брыдкі

գեղեցիկ / տգեղ

пачатак / канец

սկսած / վերջը

высокі / малы

մեծ / փոքր

светлы / цёмны

պայծառ / մութ

сястра / брат

եղբայրը / քույրը

чысты / брудны

մաքուր / կեղտոտ

поўны / няпоўны

ամբողջական / թերի

дзень / ноч

օր / գիշեր

мёртвы / жывы

մեռած / կենդանի

шырокі / вузкі

լայն / նեղ

ядомы / неядомы

ուտելի / անուտելի

злы / добры

չար / բարի

узбуджаны / нудны

հուզված / ձանձրացրել

тоўсты / тонкі

հաստ / բարակ

першы / апошні

առաջին / վերջին

сябар / вораг

ընկերը / թշնամին

поўны / пусты

լիքը / դատարկ

цвёрды / мяккі

կոշտ / փափուկ

важкі / лёгкі

ծանր / թեթև

голад / смага

քաղց / ծարավ

хворы / здаровы

հիվանդ / առողջ

нелегальны / легальны

անօրինական է /
իրավաբանական

разумны / дурны

Խելացի / հիմարություն

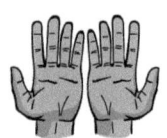

левы / правы

ձախ / աջ

побач / далёка

մոտիկ / հեռու

новы / былы ва ўжыванні

Նոր / օգտագործվում

нічога / нешта

ոչինչ / ինչ - որ բան

стары / малады

ծեր / երիտասարդ

укл / выкл

միացում անջատում

адчынены / зачынены

բաց / փակ

ціхі / гучны

ցածր / բարձր

багаты / бедны

հարուստ / աղքատ

правільна / няправільна

ճիշտ / սխալ

шурпаты / гладкі

անհարթ / հարթ

сумны / шчаслівы

տխուր / ուրախ

кароткі / доўгі

կարճ / երկար

павольны / хуткі

դանդաղ / արագ

вільготны / сухі

թաց / չոր

цёплы / халаднаваты

տաք / թույն

вайна / мір

պատերազմ / խաղաղությունը

лічбы

թվեր

0

нуль

զրո

1

адзін

մեկ

2

два

երկու

3

тры

երեք

4

чатыры

չորս

5

пяць

հինգ

6

шэсць

վեց

7

сем

յոթ

8

восем

ութ

9

дзевяць

ինը

10

дзесяць

տաս

11

адзінаццаць

տասնմեկ

12

дванаццаць

տասներկու

13

трынаццаць

տասներեք

14

чатырнаццаць

տասնչորս

15

пятнаццаць

տասնհինգ

16

шаснаццаць

տասնվեց

17

сямнаццаць

տասնյոթ

18

васямнаццаць

տասնութ

19

дзевятнаццаць

տասնինը

20

дваццаць

քսան

100

сто

հարյուր

1.000

тысяча

հազար

1.000.000

мільён

միլիոն

լեզուներ

англійская
...
անգլերեն

англійская (Амерыка)
...
ամերիկյան անգլերեն

кітайская мандарынская
...
չինարեն մանդարին

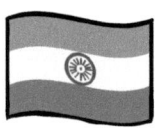

хіндзі
...
հինդի

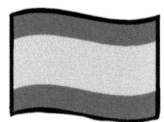

іспанская
...
իսպաներեն

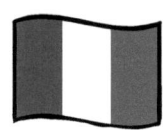

французская
...
ֆրանսերեն

арабская
...
արաբերեն

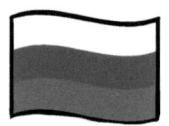

руская
...
ռուսերեն

партугальская
...
պորտուգալերեն

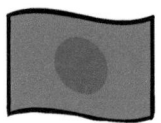

бенгальская
...
բենգալերեն

нямецкая
...
գերմաներեն

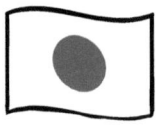

японская
...
ճապոներեն

хто / што / як

Ով է /, թե ինչ է /, ինչպես

я

եu

ты

դուք

ён / яна / яно

Նա / նա /, որ դա

мы

մենք

вы

դուք

яны

նրանք

хто?

Ով է?

што?

ինչ?

як?

ինչպես?

дзе?

որտեղ.

калі?

երբ?

HELLO, I AM

імя

անուն

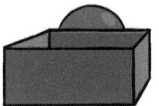

дзе

որտեղ

за

եւտևում

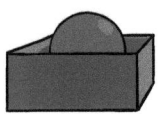

у

մեջ

перад

դիմաց

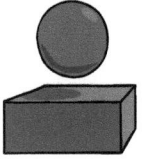

над

վրա

на

վրա

пад

տակ

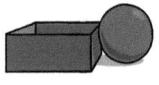

каля

կողքին

паміж

միջեւ

месца

տեղ